Averses et réglisses noires

Carole David

Lithographies de Kiki Athanassiadis

la courte échelle

Les éditions de la courte échelle inc.
5243, boul. Saint-Laurent
Montréal (Québec) H2T 1S4

Directrice de collection:
Sylvie Massicotte

Direction artistique:
Daniel Sylvestre

Conception graphique:
Elastik

Mise en pages:
Mardigrafe inc.

Révision:
Lise Duquette

Les lithographies qui accompagnent les poèmes sont des détails tirés des œuvres de Kiki Athanassiadis.

Dépôt légal, 3e trimestre 2003
Bibliothèque nationale du Québec

Copyright © 2003 Les éditions de la courte échelle inc.

La courte échelle reconnaît l'aide financière du gouvernement du Canada par l'entremise du Programme d'aide au développement de l'industrie de l'édition pour ses activités d'édition. La courte échelle est aussi inscrite au programme de subvention globale du Conseil des Arts du Canada et reçoit l'appui du gouvernement du Québec par l'intermédiaire de la SODEC.

La courte échelle bénéficie également du Programme de crédit d'impôt pour l'édition de livres — Gestion SODEC — du gouvernement du Québec.

Données de catalogage avant publication (Canada)

David, Carole
   Averses et réglisses noires
   ISBN 2-89021-674-8

   I. Athanassiadis, Kiki. II. Titre.

PS8557.A77A93 2003   jC841'.54   C2003-941146-X
PS9557.A77A93 2003

Averses et réglisses noires

Aux météores

Si tu pars, je meurs avec toi
je squatte l'horizon
ma collection de minéraux
est à vendre au plus offrant
œil de tigre, œuf de serpent, camées de chat
ces mots devenus tout à coup
des objets dans ta main
parce que tu as triché
depuis ta naissance
pour demeurer en vie

La nuit, tes jambes allongent
tes poings grossissent
assez pour te croire puissant
et t'éveiller le matin avec le goût de voler
de t'accrocher aux étoiles et d'y rester
seulement pour quelques heures
observer ta chambre
et les restes d'une pizza
abandonnés sur le comptoir de la cuisine
voir défiler des personnages familiers
dans l'image inversée de la maison
trop fatigués pour y dormir
jouer ensemble à SimCity
croire au bonheur de gagner

Dans la cuisine
ma mère recousait des ailes
rapiéçait des membres
ma mère était une magicienne
elle faisait des costumes
des armures avec des pattes
des pyjamas pour chiens
des abris pour les âmes
Un jour
par une chaude journée d'été
elle est disparue
devant le barbecue
les instruments à la main
aspirée par un nuage de fumée
et d'assaisonnements exotiques
Et moi assise à la table de jardin
je pressais des citrons
pour la limonade
dans la cour inondée de lumière

Je ne veux pas te perdre comme notre mère
ni dans le golfe du Mexique
encore moins dans ta rage
qui soulève
toutes les questions du monde
sur les enfants
qui n'auraient pas dû naître
ou encore sur ceux
dont on a changé le nom
lors d'une cérémonie
célébrée dans un avion

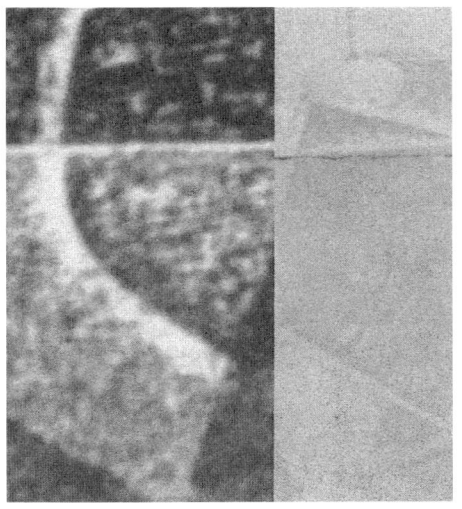

Poissons rouges dans son ventre salé
j'ai cette photo bleuâtre
dans mon album de bébé
deux météores côte à côte
sur cet instantané
qui donne la date et l'heure
de notre rencontre avec le monde
«Ce jour-là, a dit notre mère,
il tombait sur l'hôpital des enfants
une pluie de grêlons
plus gros que vous deux réunis»

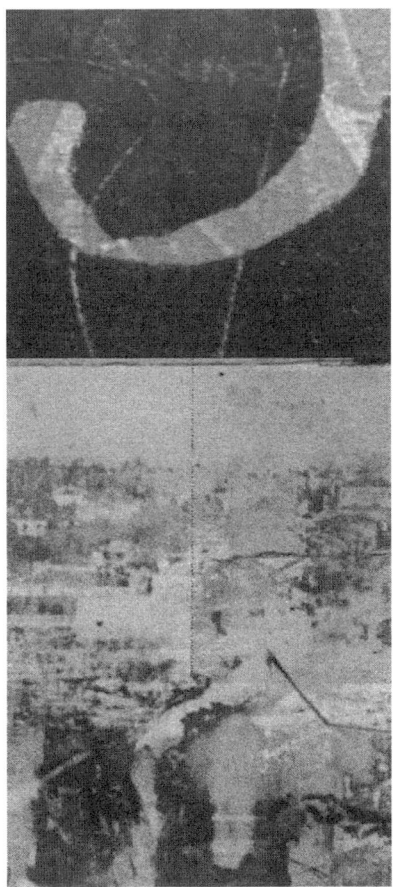

Le soir, après l'école
dans un sous-sol d'église
tu apprends à faire des nœuds
dont personne ne vient à bout
et moi avec mes mains
je dessine des arabesques
nous ne reviendrons plus ici
nous chercherons un autre lieu
un immense champ
une piste d'atterrissage
où les oiseaux et les magiciens
nous livreront leurs secrets

J'imagine un endroit
où je peux hurler
mes chagrins
les injustices
mes notes sous zéro
sans être entendue
j'imagine cet endroit
de façon précise
il y a à ma disposition
une lampe mille et une nuits
d'autres instruments magiques
il suffit de penser
pour que les souhaits se réalisent
les rêves sont déposés à la consigne
dans la caverne d'Ali Baba
ne reste plus qu'à te demander
où tu as mis la clé

Nous avons été séparés à la naissance
un tailleur a coupé au scalpel nos vêtements
pour nous distinguer
l'un de l'autre
la bouche, le cœur et les mains
ont été construits de toutes pièces
à partir des restes de tissu
malgré ces opérations délicates
tu es arrivé à respirer

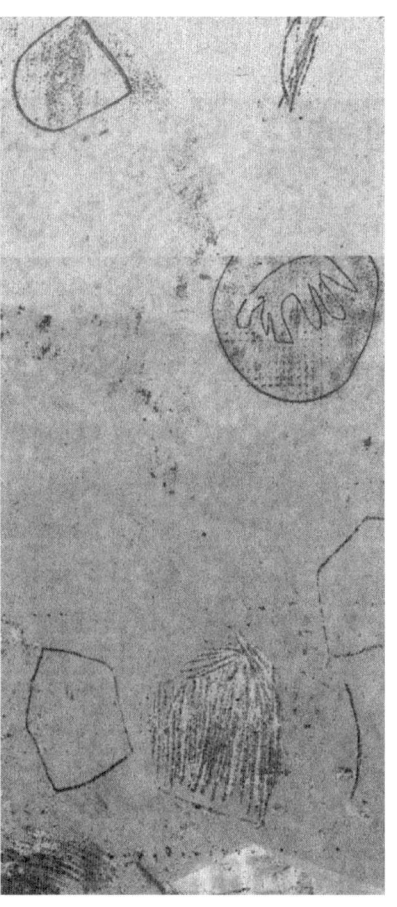

Aujourd'hui
je suis plus grande que toi
dans le miroir de la salle à manger
nous sommes différents, mais semblables
toi avec tes cartes magiques
tes trousseaux de clés
moi avec mes photos de bêtes sauvages
vêtus de nos imperméables jaunes réversibles
nous rêvons d'averses et de réglisses noires

J'observe le temps qui passe
je l'effiloche
le tords
le mords
m'en fais un collier
pourquoi le soir ne tombe-t-il pas
je pourrais rêver à elle
me rapprocher
de son esprit
je lui donnerais un nom
d'arc-en-ciel
un visage
aussi brillant que celui
de la lune au cinéma
pourquoi ses yeux
ne sont-ils que des ombres
maquillées
et qu'au petit matin
je me retrouve
aveugle
ne sachant que faire
de toutes ces images horribles
ne sachant comment la reconnaître
depuis qu'elle est disparue
dans un nuage de fumée

Je ne t'ai pas encore parlé de ces créatures
qui m'ont fait pleurer
quand nous fréquentions
les centres commerciaux
avec nos parents
ces monstres surgis de nulle part
des garçons ou des filles
recouverts de peluche
qui distribuaient ballons et sourires
au premier venu
les clowns n'ont pas de sexe
ils crèvent sous leur maquillage

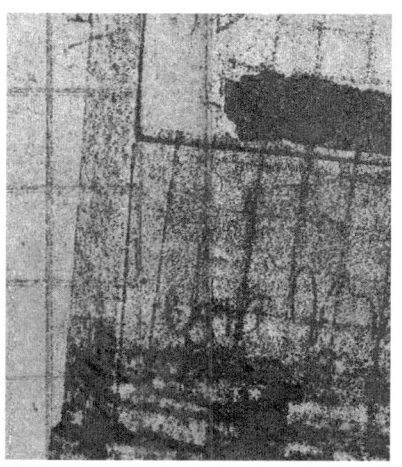

Si je te perds
ce ne sera pas dans un grand magasin
ton signalement précis
est à fendre l'âme
ton visage apparaît
sur les affiches de cinéma
dès que je prononce ton nom
regarde
tu files à vive allure sur ton *skate*
avec la bouteille de peroxyde
dans ta poche

Maintenant, pour savoir qui je suis
je peins des pare-brise
en trompe-l'œil
les automobilistes m'arrêtent
ravis par le paysage
offert pour à peine un dollar
de loin ils aperçoivent leur maison
dans un labyrinthe
de vieux jouets de garderie
sales et mal léchés
occupent le vestibule
des parents
arrivent du travail
allument
leur foyer Black and Decker
et les portes se referment
sur eux

Une voix me dit de me lever
de faire mon lit
de ranger mes vêtements
je me mets à courir
après le bus du matin
en laissant derrière moi
mon premier alphabet
mes chaussures illuminées
le chien que je croyais mon meilleur ami
tu m'as dit
que j'étais peut-être devenue
somnambule
durant la nuit
je devais marcher sur des fils
mettre mes sous-vêtements
dans la boîte aux lettres
parfois je crois
que ma mère essaie
de communiquer avec moi

Je suis sortie dehors une minute
sentir l'air de la nuit
affronter les passants droit dans les yeux
marcher avec toute ma tête
je n'ai pas eu peur
je me suis promenée dans les rues désertes
sans que personne s'inquiète
les chiens parlaient avec des mouffettes
des oiseaux sortaient de leur nid
des chats dormaient dans des boîtes à fleurs
et puis quelqu'un a traversé la rue
la terre s'est mise à gronder sous ses pas
les arrosoirs des pelouses
se sont déclenchés
les autobus scolaires attendaient les enfants
au coin des rues
même s'il faisait encore noir
les facteurs distribuaient le courrier
la vie n'a plus jamais été pareille

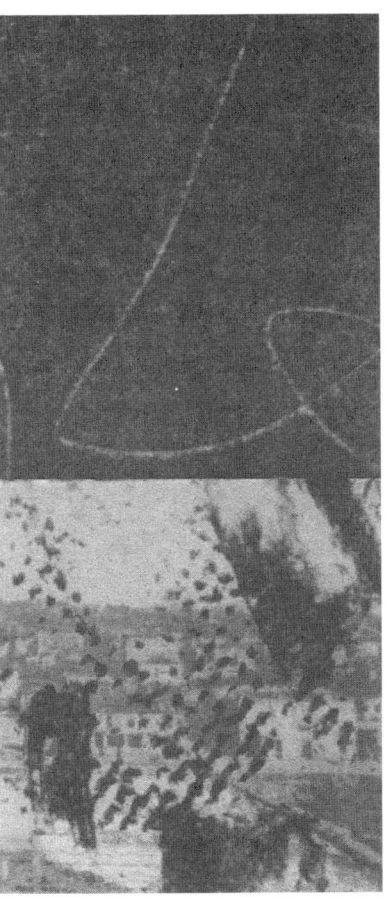

Sur MSN
j'ai découvert
sous quel nom tu te cachais
dans les cours de bio
ils disent
qu'il y a une raison pour tout
j'ai cherché mon double partout
ce n'était pas une chasse au trésor
plutôt je me cherchais moi-même
à travers une liste de noms
d'ennemis potentiels prêts
à n'importe quoi
pour accueillir mes confidences

Avec notre mère, nous aimions
construire des pyramides de glace
dans tous les parcs de la ville
enfiler nos habits de givre
nous étions les momies du Nord
dans nos sarcophages argentés
mais notre royaume invincible
tombait aux mains
des tracteurs-chenilles
à la fin de l'hiver

À la cafétéria
plantée devant la fontaine d'eau gazeuse
j'attends un miracle
les monstres habituels se tiraillent
Frankenstein et son frère
la fille-lapin et sa cousine la fourmi
au bout de la table
Dracula et la princesse Léia
n'ont pas fini leur sous-marin
ils se regardent dans les yeux
Au dessert
la tarte au citron
et des nuages
nous envahissent

Pourquoi tant d'enfants
portent des prénoms
semblables aux nôtres
sans avoir les mêmes parents
je planche
sur ce problème de maths
depuis des lunes
je connais des filles comme moi
qui habitent un triplex
avec un chat tigré
et des gars comme toi
qui se vantent
de vivre avec
un oiseau mécanique
mais le soir
avant de s'endormir
ils se sentent étrangers
à eux-mêmes

Le vent souffle sur la maison
tu me chuchotes à l'oreille : « Ma valise est remplie
de cristaux, de feux de Bengale »
tu fais tes adieux
en quelque sorte
au monde que nous avions construit
au jardin inondé de lumière
tu emportes avec toi
des sons et des images
tu te détaches lentement
de ce que nous étions
tu te fraies un chemin jusqu'à la rue

Parus à la courte échelle, dans la collection Poésie :

L'ourse
de Rachel Leclerc

Voyages autour de mon lit
d'Élise Turcotte

Les mots secrets
de Louise Dupré

Du haut de mon arbre
de Serge Patrice Thibodeau

Ni vu ni connu
de Louise Desjardins

Le verbe cœur
de Roger Des Roches

Que ferais-je du jour
de Martine Audet

Si tu allais quelque part
de Paul Chanel Malenfant

La fille orange
de Germaine Mornard

La marathonienne
de Denise Desautels

Averses et réglisses noires
de Carole David

L'oiseau tatoué
de Herménégilde Chiasson

Achevé d'imprimer
sur les presses de Marc Veilleux Imprimeur inc.